그래도 때때로 기분 좋은 날

노수현 제4시집

문학의봄 시인선

021

그래도 때때로 기분 좋은 날

문학의봄 시인선 021

초판발행_2021년 2월 10일
지 은 이_노수현
펴 낸 이_이시찬
펴 낸 곳_도서출판 문학의봄
편집국장_박찬희
등록번호_제2009-000010호
등록일자_2009년 11월 19일
주   소_15801 경기도 군포시 곡란로 26.
          매화아파트 1408동 1101호
전   화_010-3026-5639
전자우편_mbom@hanmail.net
다음카페_http://cafe.daum.net/bombomspring

ⓒ 노수현 2021
인   쇄 | 대한인쇄씨엔씨
ISBN 979-11-85135-30-4 03810

값 10,000원

* 이 책은 전부 또는 일부 내용을 재사용하려면 반드시 저작권자와 도서출판 문학의봄의 동의를 받아야 합니다.

* 이 도서의 국립중앙도서관 출판시도서목록(CIP)은 서지정보유통지원시스템 홈페이지(http://seoji.nl.go.kr)와 국가자료공동목록시스템(http://www.nl.go.kr/kolisnet)에서 이용하실 수 있습니다.

그래도 때때로 기분 좋은 날

노수현 제4시집

본문 페이지에서 한 연이 첫 번째 행에서 시작되면
〈 표시를 합니다.

■ 시인의 말

시대가 암울하고 무명시인은 밤잠을 설치며 고민한다.
여지껏 한 번도 겪어보지 못한 바이러스가 모든 걸 잠식해버린 시대에 인간은 한없이 나약하고 온갖 묘수를 짜내보려 하지만 눈에 보이지도 않는 미미한 바이러스가 비웃듯 인간의 가장 취약한 부분을 보란 듯이 휩쓸고 가고
마침내 인간은 누구나 혼자라는 사실에 입각한다.
사람을 만나지 못하니 누구랄 것도 없이 고독하다.

모든 인간은 고독하지만 시인은 그나마 그 나약하고 힘든 사람들을
어루만져 위로해 줄 수 있어야 한다고 굳게 믿는다.
시인인 나 또한 고독하기에 시를 쓰지만
고독한 많은 사람들이
내 시를 읽고 조금이라도 위안 받기를 간절히 기도한다.

편찮으신 몸으로도 늘 작은아들인 날 걱정하시는 어머니,
무관심한 듯하지만 내 곁을 끝까지 지켜주는 아내,
두 딸과 두 사위,
아들과 며느리,
그리고 다섯 명의 손주들,
시집이 나올 때쯤 새로 태어날 손자에게 이 책을 바친다.

■ 차 례

1부

절정 _13
삭발 _14
장난감 _15
반성문 _16
단풍놀이 _18
갈대의 부탁 _19
그래도 때때로 기분 좋은 날 _20
문병 _22
시월의 악수 _24
갈대소리 _26
도피자 _28
잣나무 숲 _29
폭풍전야 _30
파김치 _32

2부

생각 _35
친구와 아내 사이 _36
안개 _38
중독 _39
어떤 발인식 _40
2월 증후군 _42
문래역에서 _43
밥상머리에서 _44
가족사진 _46
개심사에서 _48
잠 못 이루는 밤에 _50
세탁기의 또 다른 용도 _51
구두2 _52
이상한 베개 _54
연락처 _55
잔소리2 _56
이발 _58

3부

휴식처 _61

달 _62

블루이야기 _64

걱정 _66

쓸쓸함에 대하여 _68

해운대에서 _69

안경 _70

청바지 _72

아이콘 전쟁 _73

이발4 _74

유통기한 _76

색소폰 _78

마스크 _80

설맞이 _82

달력을 잃다 _84

4부

능수버들 _87
폭우 _88
홀로 되는 연습 _90
오월에 즈음하여 _92
폭염 _94
또 죽음 _96
효자손 _98
갈대의 삶 _99
공원스케치 _100
단추 _102
무게 _104
구두3 _106
대각선 _108
또 막차 _110
낮술 _112

5부

우회 _115
빈 방 _116
목련 _117
빨래를 널며 _118
당고개역에서 _120
독설 _122
하루살이 _123
기침소리 _124
그 자리 _126
다시 찾은 산속 작은 섬 _127
삐딱선 _128
미타사에서 _130
낙상 _132

에필로그

역주행 _135
홀로 축제 _136
대야미역에서 _137
가산디지털단지역에서 _138
당산역 어느 술집에서9 _140
밥도둑 _142
속도 _144
흔적 _146
구월의 노래 _148
내 시를 토렴하다 _150
택시 _152
운길산역에서 _154
당산역 어느 술집에서 _156
노각4 _158

해설

〈담백한 내면의 소리〉 - 개동 이시찬 _160

1부

만일 절정에 탐닉하다간
바스라지는 낙엽처럼
끝없이 추락할지도 모릅니다

절정 節頂

엊그제 그렇게 아름답던 단풍이
절정의 시간을 지나
이제 마지막까지 붙들려
안간힘을 씁니다

인생에서 누구에게나
절정의 순간이 있습니다

흘려버린 절정의 순간이
아쉽지만 알게 모르게 지나쳐 버렸기에
버티고 사는 건지도 모릅니다

만일 절정에 탐닉하다간
바스라지는 낙엽처럼
끝없이 추락할지도 모릅니다

삭발 削髮

평생 세 번인가 머릴 빡빡 밀었다
아련한 기억 속, 그때마다 눈물을 흘렸다
알 수 없는 슬픔이 시퍼런 까까머리에
죽음처럼 내려앉았다

그때마다 절망했다
아니 절망했기에 머릴 깎았다

이상한 일은 세상은
절망과는 정반대로 흘러가고
그저 빡빡 밀은 머리카락만
옅은 햇볕에 반짝였다

그리고 생각보다 머리카락은 금세 자랐다
자란 머리카락과 더불어 모두에게 잊혔다

장난감

투덕투덕 세월을 논하고
비틀비틀 또 어딘가에 있다

삶은 내가 기울이는 소주잔처럼
때때로 진지하고
힘겹게도 또 어디론가 간다
자, 삶이라는 건 뭘까
결국 나 아닌 모든 일은 다 남의 일이다

어쨌거나 무명시인은 오늘만큼은 진지하다
그래서 평소보다 소주를 더 마시고
귀갓길, 길거리 좌표 손주 줄 장난감을 산다

반성문反省文

꽃샘추위가 올락 말락 하고
지은 죄가 많아 봄이 오기 전
구구절절 몇 장이고 반성문을 써야 마땅했다

수없는 밤에 베갯잇을 적시며
수없는 별들에게 눈물로 속죄해야만 했다

세월은 누가 뭐래도 속절없이 흐르고
용서는 때를 기다리지 않는다

반성문은 죄 지은 자가 쓰는 것,

연희동의 밤은 그럭저럭 세월을 견디고
꼿꼿이 세운 노구는 범죄의 현장에서도 침묵했다
아니 이거 왜 이래,라고 소리쳤다

과연 그에게 반성문의 지면은 남아있는가

단풍놀이

단풍은 전체적으로 볼 때만 아름답다

나뭇잎 하나하나를 볼 땐 그저 시들어서
거의 미풍에도 떨어질 것 같은
연약한 존재일 뿐이다

사람도 마찬가지다
바라보이는 자그마한 것만으로
판단하는 것은 위험한 일이다

모든 것을 제대로 알아야
그 됨됨이를 알 수 있다

갈대의 부탁

밤새 내린 서리의 무게를 견디지 못하고
갈대가 힘없이 쓰러집니다

사실은 삶의 무게 때문에
오히려 현실보다 좀 더 눕습니다

젖 먹던 힘으로
일부러 세우려 하지만
또 쓰러집니다

갈대가 이제 부탁합니다
그냥 내버려 두세요
어떻게 되겠지요

갈대처럼
대부분 죽음 같은 현실을 견딥니다

그래도 때때로 기분 좋은 날

겨울비가 내리기에
아무래도 시상이 우울하다

우울하기에 지하철 끄트머리
간신히 잡은 자리에서
우울한 시를 쓰려 한다

목적지인 인덕원역은
늘 가깝고도 멀고
언제나처럼 목이 마르기에
사당역 환승하기 전,
허리 굽은 할머니께 오천 원을 주고
캔커피를 주문한다

휴, 할머니 거스름돈이 팔천오백 원

난 다시 오천 원을 할머니께 건넨다

허리 굽은 할머니가
등 뒤로 고맙다는 인사를 한듯하다

쓸쓸한 겨울비는 내리고
그래도 때때로 기분이 좋을 때도 있다

문병問病

서로 외로워 허구한 날 막걸리를 마시고
어느 땐 혹 삶이 서로를 괴롭힐까봐
어느 정해지지 않은 결의를 다지고

그러던 그가 죽음과 가까이 누워 있다
병실엔 그가 아닌 타인이
형식적인 수인사를 나눌 것이다

난 냉정하게도 문병을 거부하다
마지못해 문병을 간다

약간 벌어진 창문 사이로
냉기가 돌고 내가 봐야 할 그는
짐작대로 답이 없다

창문을 누군가가 닫자
바람은 멈췄다
환한 병실에서

〈
돌아오는 길
쓸데없는 눈물이
펑펑 겨울비처럼 내린다

시월의 악수

찬바람 핑계도 함부로 댈 수 없는
느지막한 시월의 끝자락

오래된 친구와 싸움을 한다

싸움이래야 서로 속속들이 아는 바
다리 하나 사이에 두고
왼쪽으로 갈래 오른쪽으로 갈래
아니면 돌아갈래다

비틀거리는 우정 사이로
술잔이 바람에 흔들린다

흔들리는 술잔 위로 간혹 세상을 탓하고
어쩌면 삶이라는 게
어쩔 수 없는 모든 걸 견디며
큭큭 잔기침을 토하면서

멀어져가는 그대와의 갈등에

아무렇지도 않게

아프도록 꽉 쥔

악수를 해야 하는 건지도 모른다

갈대소리

달빛도 단풍이 든 것 같은
심상치 않은 어느 시월

눕는 방향을 잃은 갈대가
누운 만큼 소리를 낸다

깊은 산사 종소리 같기도 하고
풍경소리 같기도 하고
어느 길 잃은 나그네 신음소리 같기도 하고

아무리 가까이 다가가려 해도
뒤척이는 갈대가 달빛을 등진다

사랑이 점점 식어가는 궁핍한 계절
더욱더 감추려는 갈대 스치는 소리가
부딪히며 속삭인다

누워 쓰러지는 갈대의 방향은

무엇으로 결정될까
아직 사랑의 세레나데는 유효한 걸까

곧 겨울비 실은 비정한 계절이
갈대의 몸체를 꽁꽁 얼려버리고
어김없이 방향을 잃어버릴 것이다

도피자 逃避者

잠깐 도시를 벗어났기에
도시로부터
자유로울 줄 알았지만
모든 문제가 도시에 있기에
한 치도 도시로부터 벗어날 수가 없다

안개 낀 도시가 도피자를 부른다
빨리 문제를 해결하라고 재촉 한다
안개를 걷어내라고 난리다

도피자는 점점 더 멀리 달아나려 하지만
그러면 그럴수록 도시는 더더욱 발목을 옥죈다

한 시각 후 마침내 줄다리기는 끝난다
집이 도시에 있기 때문이다

잣나무 숲

길이 평온합니다
평온한 길을 걸으니 나도 평온합니다

평온한 사람 곁에 있으면
덩달아 평온함을 느낍니다

거칠고 분노에 찬 사람 곁에 있으면
왠지 불안합니다

대부분의 사람들은
아예 그런 사람을 피해 다닙니다

어쩌면 나도 누군가가
피해 다니는 그런 사람인지도 모릅니다

평온한 잣나무 숲에서
눈을 감고 평온함을 한껏 누려봅니다

폭풍전야

아마도 이번 태풍은
순순히 물러설 것 같지 않다

바람에 날릴 것을 감춘다
옥상에 장군처럼 매달린
간판의 이음새도 챙긴다

예전엔 미처 챙기지 못한 것에
꼭 문제가 생겼다

바람은 누구도 용서하지 않는데
사람들은 꼭 이것만은
비껴나가길 기도 한다

옥상의 이것저것 감추다가
어허 아이들 저 자전거 날아갈 것 같아
애써 감춘다

〈
폭풍전야의 음습한 기운이
감춘 자전거에서부터 서서히 서린다

파김치

하루하루가 눈에 보이지 않는
바이러스 때문에 파김치가 된다

사람이 사람 속에서 살아야 사람인데
사람을 회피 한다

그 아름답던 목련도 벚꽃도 더 이상
축제를 하지 않는다

태양 아래 눈부시던 진달래꽃은
이미 시들었다

아름다움이 정녕 사라져가던
올락 말락 하던 봄, 느지막한 오후
아내가 파김치 된 몸으로 파김치를 건넨다

젠장 오늘따라 파김치 맛이 꿀맛이다

〈
어쩌면 삶이 거의 무너져가도
뜬금없이 혓속에 맴도는 이런 맛 때문에
툭툭 아무 일 없었다는 듯이
살아가는 건지도 모르겠다

2부

난관은 미리 걱정해서 헤쳐 나가는 것이 아니라
부딪혀서 이겨내는 것이다

생각

새벽 눈을 뜨자 생각에 잠긴다
하루 또 무슨 일이 벌어질까

일어나지도 않은 일을 걱정 한다
걱정은 걱정을 더해
하루가 슬퍼진다

미리 하루를 점치는 건 우매한 짓이다

난관은 미리 걱정해서 헤쳐 나가는 것이 아니라
부딪혀서 이겨내는 것이다

친구와 아내 사이

연일 폭우가 쏟아지고
삶이 그럭저럭 쓸쓸한 오후
누구랄 것도 없이 광고판 전화가 아니면
아무도 연락이 없는 그 즈음

특별하게 잘해준 것 없는 친구가
전화를 한다

아무리 돌아봐도
삶은 녹록치 않고
아무리 잣대를 들이대도
쓸쓸함의 무게가 간단치 않고

그냥 친구가 한 잔 술에 스킨쉽 한다

모두의 농담이 진담 같은 잠깐
비 그친 저녁

〈
아무리 아내의 엄격한 진리가
옳다 해도

오늘 친구와 밤새도록
이러쿵저러쿵 취하고 싶다

안개

지금 바라보이는 관악산에
안개가 쌓였다

삶은 분명 저 안개처럼
불분명한데 지인들과
술 마시는 공허한 대화가
어쩌면 삶의 대부분일 수도 있다는
사실에 깜짝 놀란다

삶은 거의 안개에 싸인다

지독히도 엄습하는 그들과의 관계
안개는 절대로 힘으로 걷히지 않는다

궁금하다 그들과의 안개 같은 관계

저 관악산의 안개가
내일이면 걷히지 않을까

중독 中毒

세상이 코로나로 직격탄을 맞은 하루,
누구하나 희망을 말하지 않고
명색이 시인인 난 시심마저 꺾는다

난 나마저 가둬 버리고
멍하니 오후 두 시면 하루가 다르게
흰머리가 솟는 그녀의 입에 중독 된다

어디서부터 잘못된 걸까
아픈 자가 맥없이 늘고
희망은 저기 중독된 하루에 매몰되고

할 일 없는 나태한 시인은
전쟁 같은 이 시대에 무엇을 해야 하나
종일 옹아리하다 어두운 침상에서
가까스로 잠이 든다

어떤 발인식

세상은 변한 듯 변하지 않고
어디까지 가야 이 지긋지긋한
갑질이 사라질까

어차피 쓸쓸한 인생
쓸쓸한 막걸리 한잔하며
쓸쓸한 노래 한마디 읊조리면서
살아가면 되는데

누가 내 한 바가지 눈물
덜어 달라 그랬나

떨어지는 여름 낙엽 쓸고
그저 거기 있기에 잠깐 밀었을 뿐인데

아! 너무 억울해
이곳을 떠나지 못 하네

〈
아! 죽음 뒤 국화송이
무슨 소용 있나

슬프게도
내 발인식에 내가 떠나지 못 하네

2월 증후군

2월엔 꼭 무슨 일인가
일어날 것 같은 예감이 든다

아스라이 별이 구름에 가리우고
버겁게 살아가는 사람들의 가슴에도
짧은 2월은 짧은 몽환처럼
서럽게 흘러간다

2월의 사랑은 사라져가는
빨간 우체통처럼 애틋하다

그리고 그 예감에서
거의 벗어나지 않는다

2월은 너무나 짧고 가시처럼 아프다

문래역에서

한 번도 내리지 않은 문래역을
오늘도 스쳐간다
한 번도 내리지 않았기에 문래역은
여전히 상상 속의 동네다

대부분의 역을 스쳐가듯
대부분의 인생을 스쳐간다

가끔 스쳐가는 모든 것들이
애달플 때가 있다

애달픔이야 어디 문래역 뿐이겠냐만
이상하게도 스쳐가는 모든 것들이
차라리 습관적이다

어찌 보면 인생 거의 중요한
대부분을 스쳐간다
그러면서 후회 한다

밥상머리에서

이처럼 짙어가는 가을
최소한 밥상머리에서는
평화가 찾아왔다

아구작 아구작
밥과 반찬을 씹으면서도
서로에게 침묵의 안부를 묻고
그래 삶이란 다 그런 거야 하며
서로의 외로움을 달랬다

점점 이별이 희화화 돼 가고
고요한 바깥이 뻔한 시위를 할 때 쯤
아내가 선물처럼 사다 준
빨간 소주를 들이키며
문득, 든 생각

어허 모두 어디로 간 걸까
그 흔한 사랑도 각자의 인생에 녹아들고

내가 그대들을 그리워하는 만큼
그대들도 날 그리워할까

밥상머리에 그대들은 없고
홀로 먹은 반찬이 덩그라니
락앤락에 얹혀 뚜껑을 기다리고 있다

가족사진

봄볕이 기울고 뜨거운 열기가 퍼지자
창문을 연다

어렵사리 못질 하고
까치발 하며 걸어 둔 가족사진이 흔들린다

조금 기운 것도 같고
조금 낡은 것도 같고

다행인 것은
식구가 조심스레 늘었다

각자의 사연을 담은 얼굴이
사진사의 명령에 따라
억지스레 웃는 웃음이 낯설다

삶은 나름대로의 사연으로 어깨를 짓누르고
그렁저렁 여기 바람에 흔들리는

가족이 버티고 있다

개심사에서

개심을 하러 개심사에 간다

청벚꽃 왕벚꽃이 우선 마음을 빼앗고
제 딴엔 금방 프로 사진작가가 된
아무래도 아마추어 사진가가
일장 연설을 한다

삶은 무슨 짓을 하더라도
뜻대로 되지 않고
개심사의 스님은 오늘따라 무심하다

무심한 스님 곁으로
무심한 연인이 저들만의 연애질에
까르륵까르륵 하고

개심하러 들른 난
아마추어 같은 프로 사진작가에게
무료 모델이 되는 조건으로

청벚꽃 나무 아래 개심의 포즈를 취한다

잠 못 이루는 밤에

벽시계를 무심코 보니
어떻게 시간이 흘러갔는지
자정을 훨씬 넘긴다

뭘 하면서 이렇게 시간이
흘러갔을까
시간은 절대로 아무도 기다리지 않고
얼핏 본 상현달도 지치고
하루를 치열하게 보낸 그대도 지치고
세월도 지칠대로 지치고

내가 잠이 오지 않는 이유는 사소하고
그 위대한 역사는 알든지 모르든지

사소한 이유가 역사가 된다

세탁기의 또 다른 용도

습관처럼 몇 개의 빨래거릴 내던지고
값비싼 탈취제를 보지도 않고 흩뿌린다

무슨 짓을 하더라도
돌돌돌 어지럽게 헹궈지고
허옇게 말라비틀어진
무말랭이마냥 탈수가 된다

삶은 때론 내던져진 빨래처럼
불가항력적이다

2월 어느 때쯤
내가 통째로 세탁기에 들어간다
달달달 몇 바퀴째 헹궈지고
탈수가 여지없이 진행되고
탈취제가 뿌려지고 난 갱생 중이다

짧은 2월, 그런 오수午睡도 짧았다

구두2

장승처럼 서 있는 신발장에서
낡은 구두를 꺼낸다
몇 번이고 버려야지 버려야지
독하게 마음 먹은 구두다

살다보면
수도 없이 버리고 싶을 때가 있다

어느 땐 초췌한 나도 버리고 싶지만
오늘처럼 희망 같은 봄비가 내리면
버려야 할 낡은 구두가
잊혀진 서글픈 인연처럼
소중하게 보일 때가 있다

가끔 다 버리고 싶지만
분명 버리지 못 할 이유가 있고
지금껏 버리지 못 하는
낡은 검은 구두는

그 어두운 신발장
맨 윗칸에 아직 버티고 있다

이상한 베개

먹다 남은 치킨마냥
꾸물꾸물 삶이 정확하지가 않다
후, 한 번이라도 왜곡된 삶을 바랐을까

지나쳐버린 삶 때문이라도
굴곡진 베개를 비싸게 사들였다
뱀처럼 온몸을 휘감는다

베개가 내 몸을 틀어쥔다

너무 더워 잔소리 같은 약풍을 틀고
다시 꾸불꾸불 베개를 덮친다
난 살아있을까

아니면 죽음으로 가고 있을까
베개가 이상하다
삶이 구부러졌다

연락처

단풍도 서서히 지쳐가는
입동이 하루 지난 저녁

저들만의 얘기로
쓸데없는 종편방송 패널들이 웅웅거릴 즈음

얼마 전 그대가 내 곁을 떠났기에
핸드폰을 켜고 또 하나의 연락처를 지운다

그대가 없기에
그대에게 아무 연락할 이유가 없어
그대와의 인연을 말끔히 지운다

혹여 그대가 불현듯 생각나
술김에 단축을 누르고
잔소리 같은 추억이라도 꺼낼까봐
그대의 사진과 함께
연락처를 영원히 지운다

잔소리2

가을비인지 겨울비인지
도무지 정체를 알 수 없는 비가
종일토록 내리고
가만히 생각해보니
내 정체도 도통 가뭇한데
아내가 후드득 내리는 빗소리처럼 잔소리 한다

아내는 왜 그렇게 싫어하는 잔소릴
그다지도 끝없이 할까

도통 이해할 수 없어
창문 가까스로 젖히고
정체 모를 빗소리와 함께
슬렁슬렁 정체 모를 날 벗겨내듯
내리는 빗줄기 갯수를 세고 있는데

그래 아내는 내가 없는 저쪽에서
뜬금없이 내가 세는 갯수와는

전혀 틀리게 세면서
정체 모를 사람과 사는 외로움에
혹여 그다지도 싫어하는 잔소리를
끝없이 하는 게 아닌가도 싶다

그러나 저러나 오늘 안으로
비는 그칠 것 같지가 않다

이발

봄 같지 않은 봄에
외로움을 이기려 이발을 한다

삶이라는 게 때맞춰 하는 이발처럼
간단치가 않고
오늘 맞은 편 모든 걸 반사하는 거울이
내가 쓰는 시처럼 은유적이다

무릇 아름다운 것들은
남겨지기보단 사라져가고
지겨울 정도로 엄습하는
매일 매일의 위기는
싹둑 잘려나가는 머리카락에
돌돌 말려 대충 인테리어 한
장판에 내팽개쳐진다

하긴 두렵게도 봄은
어느 한 때도 정확하게 오지 않는다

〈
무심코 잘려나간
빛바랜 머리카락 자국처럼
누가 뭐래도 촉촉하게 생성 한다

3부

많은 것들이 내 곁을 떠나고
떠난 만큼 힘이 들기에
도색 안 된 소소한 벤치 위에서
잠시 쉽니다

휴식처

많이 걸어 왔기에 휴식을 취합니다

잔인했던 사월도 가고
또 어젠 그대도 떠나갔습니다
온통 떠나려는 것 천지인 세상에서
단지 무심한 계절만 오고 갑니다

많은 것들이 내 곁을 떠나고
떠난 만큼 힘이 들기에
도색 안 된 소소한 벤치 위에서
잠시 쉽니다

인생이란 마침내 휴식처로 향하는 것이지만
지금 쉬는 이곳은 아무도 알지 못합니다

달

바쁜 하루가 지나고
가까스로 죽음을 면한 그대들이
여기 짐짝처럼 덜컹거린다

도무지 바깥을 알 수 없는
지하의 세계,
시가 어두워지고 재잘재잘
전혀 생면부지의 사람들이
제멋대로 그대를 평가 한다

그래도 잠깐 드는 생각,
바깥의 달은 어떤 모양일까

휴, 시인이니 시는 써야겠고
삶이 그저 그러하니
대충 생긴 달처럼 시상도
그저 그러하다

〈
그래도 궁금하다
바깥의 달은 보름달일까
아니면 초승달일까
아니면 제멋대로 달일까

블루이야기

하늘이 저렇게 푸른데
너무 푸르러 깊은 바다 같은데

삶은 또 한바탕 우울한 블루다

누가 그러라고 한 것도 아니고
그러리라고 예측한 것도 아닌데
온통 우울하게 푸르러
저 아름다운 세상을 삼켜버린다

어떡해야 하나
누구하나 정답을 주지 않고
애꿎은 세월만 흐른다

오늘도 붉은 노을이
서녘 하늘을 기웃거리고

오호 그렇지 매순간,

우릴 버티게 한 건 무릇 우리였지

우울한 블루가 온통 주위를 물들여도
저 진짜 푸른 하늘과 바다를 어찌할 순 없지

걱정

코로나로 직격탄을 맞은 하루

줄곧 나만 걱정하던 내가
누군가의 걱정거리가 된다

삶은 누가 뭐래도 이기적이고
과연 난 누구의 걱정거리를
물었나 되새긴다

누구도 아픔을 원치 않지만
아픔은 느닷없이 찾아오고

이럴 때일수록
누군가의 위로가 없다면
삶은 지옥 같을 게다

점점 통증이 마비되어 갈 즈음
누군가의 걱정에

그 흔한 문자라도 한번 띄워야겠다

쓸쓸함에 대하여

산다는 건 어차피
쓸쓸함을 견디는 것

어쨌건 나름대로의 축제가 끝나고
여지껏 그래왔던 대로 홀로 남아
바보처럼 어두운 불빛 아래 눈물 흘리네

세상은 내 뜻대로 된 적 없고
시인이 아닌 그대들은
못다 이룬 잠을 마저 잘 테고

또르륵 또르륵 창밖엔 비가 내리고
이래저래 잠 못 이루는 무명시인은
쓸쓸함을 견디며 꼬박 밤을 샐 것 같네

산다는 건 어차피
쓸쓸함을 부둥켜안는 것
바보처럼

해운대에서

아주 오래 전, 언제 한 번 가본 것도 같은
해운대에 머리가 하얘져서야 간다

의례껏 같이 간 친구들도
하얀 머리카락이 바람에 헝클어지고
바다니 당연히 파도가 넘실대고

너무 오래돼 잊혀진 추억이
하늘을 가린 빌딩 사이로
휙 바람과 함께 스쳐간다

고통을 이겨낸 젊음이
여기저기 웅성거린다
잠깐 백사장 귀퉁이에 희망도
번뜩이는 것도 같다

예전과 다른 것은
모두 마스크로 얼굴을 가리고
나름대로 바이러스와 싸운다는 것이다

안경

아침 댓바람부터 안경 실종사건으로
하루가 엉망이다

그다지 시력이 나쁘지 않으므로
눈에 뵈지 않는 거야 없으련만
그래도 사라진 안경은
지나버린 세월마냥 애틋하다

안경을 찾으러 흘러간 시간을 되돌린다
잠깐 사이에 만난 사람도 어렵사리 호출 한다

잃어버린 안경이
잃어버린 자아가 되고
잃어버린 것에 집착 한다

한나절이 지났을까
잃어버린 안경은
내가 수도 없이 들락거린

식탁 밑 의자에
본능적으로 걸쳐 있다

청바지

목련이 눈부신 어느 사월
아내가 배불뚝이인 내게 청바지를 건넨다

인생은 꼭 맞춰져 살지 않으면
좀 더 큰 문수의 신발마냥 헛돌고
덜 맞는 기성복처럼
그저 그렇게 스치듯이 흘러간다

청바지가 배불뚝이인 내 배 위에 걸쳐진다
혁대를 꼭 죄고 꽉 끼는 청바지에 억지로 맞춘다

삶이라는 게 할 수 없이 누군가에게
간혹 맞추며 살아가지만
오늘 아내가 입으라고 건네 준
청바지는 비장하게도 주인공인 내게

무슨 짓을 해서라도 맞춰진다

아이콘 전쟁

이상하고도 우스운 일이다
다 아는데 그들만 모른다

세상이 아무리 어수선해도
척도라는 게 있다
괘종시계는 멈추면 멈췄지
절대로 거꾸로 돌지 않는다

그들이 그들의 치부를 드러내고
그들이 그들의 각본을 써준다

이미 드라마는 결론이 나있고
결론이 뻔한 드라마는
아무도 보지 않는다

역시나 역시나이다

이발4

속절없이 머리카락이 자라고
더 이상 자라지 않는 속마음을 숨기고
이발을 한다

이발이야 머리카락이 자라면
당장이라도 하면 그만이지만
좀처럼 속마음을 터놓기가 쉽지 않다

그걸 눈치 챈 이발사가
넌지시 무슨 일 있냐고 묻는다

살다보면
수도 없이 무슨 일은 일어나기 마련이고
무슨 일은 또 수도 없이 심사^{心思}를 괴롭힌다

벚꽃은 온 세상이 잔치라고
밤낮으로 유혹하는데

언제고 일어나는 무슨 일 때문에
침묵하는 심사가 싹둑싹둑 잘려나간다

유통기한

수많은 구멍에 낙탄^{落炭}을 반드시 감행해야
몇 푼어치 목숨값을 지불 받는
이 잔인한 죽음의 외주화는
결국 마땅히 멈추어야 할
컨베이어 벨트를 멈추지 못 했다

비참하게도 죽음 뒤에
어느 누구도 벨트에 손을 대지 못 했다

청년의 가방엔 유통기한을 알 수 없는
몇 개의 컵라면과 석탄에 찌든 작업복과
이름이 지워진 숯검댕이 명찰과
죽어버린 꿈이 뒹굴고 있었다

사람은 유통기한이 지나버린
라면처럼 버려지는 게 아니다

난 마지막 남은 달력을 찢고

마지막 남은 유통기한이 훨씬 지난 라면을 끓인다

색소폰

관양동 우리집 옆 소공원에선
가끔 노숙자들의 막걸리파티가
떠들썩 고요를 점령하고

더 가끔씩 아마추어 색소폰 연주자가
허가 받지 않은 그들만의 리그를 벌인다

가까스로 소음을 면한 색소폰 소리가
어느 땐 시심보다 더 진한
심금을 울리고 나도 언젠가는
쓸쓸한 세월 보태기에
뿌 뿌 고독한 한숨을 내뱉으리라 다짐 한다

나름대로 방음을 철저히 한
지하 1층, 색소폰 선생이
상술인지 아닌지 알 수 없는 표정으로 속삭인다

사장님은 인상도 좋으시고

금방 색소폰을 배우실 것 같아요
야마하 테너로 사세요

마스크

신종 바이러스가 느닷없이 판치고
사람들은 허둥대기 시작했다

어느 순간 숨 쉬는 공간을 가린
마스크가 권력이 되기 시작하고
어이없게도 흑과 백을 구분하고
빈부도 가렸다

어느 날 마스크를 쓰지 않은 사람들을
죄인시하고
비염이 심한 난 죄인이 되기 싫어
제일 촘촘하다는 KF-94를 걸쳤다

그러다 점점 호흡이 곤란해지자
조커처럼 명찰을 달았다
난 지병이 있어요 마스크를 쓰면
숨 쉴 수가 없어요

〈
그러자 낄낄 사람들은 비웃기 시작했고
조커처럼 버림받기 시작했다

며칠 후 난 살기 위해 코만 뻥 뚫린 복면을 썼고
그제서야 사람들은 두려움의
눈초리와 조롱의 눈초리를 교환했다

난 깨달았다
어차피 인생은 무엇인가로
날 가리는 것이다

설맞이

오늘 설날이기에 맷돌로 녹두를 간다

시간이 흐를수록
녹두가 갈린다기보다 인생이 갈리고

저쪽 맞은 편 풍경에서
불어오는 바람이 상투적이다

별로 술 먹을 일이 없는 세상

태어날 때부터 만난
하나밖에 없는 형이
여전히 낯설지만
어쩌랴 가끔 그리움에 사무치고
그래도 서로 녹두 빈대떡을 두고
연민의 술잔을 기울인다

맷돌 돌리기가 언젠가 너무 힘에 부치고

사는 게 또 그저 그래도

오늘 까만 비닐봉지에 싸 가는
녹두 빈대떡은
어쩌면 살아가는 의미이기에 넉넉하다

달력을 잃다

누군가가 선물한 달력을
잃어버리지 않으려 애 쓴다

아내가 제발 술 좀 덜 먹으라는
뻔한 잔소리로 으르렁거리고
그날따라 몇 년 만에 닥친다는 한파는
역시 을씨년스럽다

더군다나 시린 손을 감싸 줄
장갑마저 잃어버리고

잃어버리지 말아야지
잃어버리지 말아야지
애 쓴 달력은 차가운 길바닥에서
누가 넘기지 않아도 아픈 세월을 보낼 것이다

그리고 또 다른 누군가가 준 달력은
굳게 매달린 벽에서

누가 뭐래도 비틀거리는 세월을
꼭 다시 바로잡아 줄 테다

4부

어디까지 그녀 머리카락은 자랄 것인가
살랑살랑 춤추며 흥심을 자극 하네

능수버들

온갖 꽃 떨어진 학의천
비 내리는 어느 늦봄
아래로 아래로 머리 풀어 헤친
그녀가 볼수록 가엾다

세월 따라 벌써 머리카락
흔들리는 물결에 닿고
그녀 맘 아는지 모르는지
부부 청둥오리 자맥질 하고
길 잃은 잉어 한 마리
슬쩍 머릿결을 건드린다

어디까지 그녀 머리카락은 자랄 것인가
살랑살랑 춤추며 흉심을 자극 하네

폭우 暴雨

매일이고 폭우가 쏟아진다

아름다움이고 사랑이고
뒤돌아 볼 겨를이 없다

이상하게도 위정자들이 실종되고
빌어먹을 이 끔찍한 폭우는
하루도 빼놓지 않고 낮은 곳만 처박는다

어디 사라져가는 마을이
잠깐의 시간을 예측했을까

두려운 건 폭우는 배려가 없고
자꾸만 자꾸만 낮은 곳만 공격한다는 것이다

더 두려운 건 대부분의 사람들이
오늘도 밥을 먹고
곁들여 쏘주도 한 잔, 쓴웃음 지으며

기분 좋게 마셨다는 거다

빌어먹을 폭우

홀로 되는 연습

오랜 비가 그치고
오늘 이 큰 집에 아무도 없다

골목길 오뚜기상회에서 빨간 소주를 사고
오드득 오드득 식감이 좋은
오이지무침을 씹으면서
오랜만에 자유를 만끽한다

어쩌면 삶은 늘
간이역을 스치듯이 타의적이다

난 어디서 나의 노래를 부를까
주위의 지인들은 이 쓸쓸한 장마 끝
무엇을 할까

삶은 누구라 할 것 없이
혼자라는데

〈
바람은 외로 돌아
설마 나처럼 홀로 되는
연습을 하는 건 아닐는지

오월에 즈음하여

오! 영산홍 붉게 물든
오월이 다시 오네

몇 번의 사랑이 오가고
나 또한 안위에 젖은
반백의 머리를 이고
이렇듯 불안한 행복으로
세월에 지쳐갈 때도

오! 오월은 신념처럼
영산홍 핏빛처럼 다시금 오네

오히려 너무 젊어
죽음이 삶과 다를 바 없고
이제는 아득하지만
그래도 오월은
내가 가장 사랑한 내가 되어

오! 오월은 바로 어제처럼
또 다시 다가오네

폭염 暴炎

이 폭염에 어디 시 한 줄이라도 나올까마는
난 지금 잠 못 이루는 한밤중에
윤동주의 시모음을 보고 있소

나라가 온통 난리인데
시인이 시를 놓는다면
어디 시인이라 할 수 있겠소

육첩방보다야
어마어마하게 큰 집에서

별을 헤진 않지만
별을 헤던 시인의 마음으로

무명시인이 무얼 할 수 있겠냐만
쉬이 잠이 오지 않는 폭염 속에서

윤동주의 시모음을

몇 번이고 몇 번이고 읽고 있소

또 죽음

오늘따라 쓰리쿠션이 제대로 되지 않고
바깥엔 비가 올락 말락 하고
구태여 진동음으로 변경하지 않은
카톡에 비보가 전해진다

또 죽음

어떻게든 살아가야 하는 사람이
바글바글 하고
왜 살아야 하는지 모르지만
그냥 살아가는 거고

어찌보면 죽지 못해 살아가는
사람이 대부분이고

그렇지 무슨 방법이 있나

버티고 살아가는 게

장땡이지

살아있어야 뭐라도 하지

효자손

나이를 한두 살 더 먹다보니
이상하게도 몸이 자꾸 가렵다

가려우니 긁느라 효자손이 바빠진다

효자손의 손길 따라 각질이 슬픈 눈처럼 나린다
수도 없이 내리는 눈이 검정 운동복에 쌓인다

삶의 편린이겠지

그렇게 마음 먹고 살다가도
또 먹먹해진다

오늘따라 아무리 찾아도 보이지 않고
간신히 찾은 효자손이 손가락 두 개가 부러졌다

그렇지 삶은 늘 그 모양이지

갈대의 삶

누군가는 죽고 누군가는
갈댓잎 바라보며 지겹도록 산다

흔들리는 갈대 너머
처음 보는 꽃이 바람에 손짓 하고
일부러 서로의 심사를 건드린다

삶이 고단해 자꾸 죽음이
눈앞에 어른거려도
지하철 술꾼의 넋두리처럼
갈대의 흔들림처럼
아프거나 처절하거나
툴툴 그냥 그렇게 한숨 지으며 산다

아무리 보아도 갈대는
딱 바람 부는 만큼만 눕는다

갈대는 마침내 갈대의 삶을 산다

공원스케치

혜화동 서울대병원 맞은 편,
마로니에 공원엔
아픈 사람만 찾아오는 것은 아니다

무명가수가 홀연히 떠난 무대에는
다분히 공격적인 비둘기가
인간에의 습격을 꿈꾸고
마로니에 나무 그늘 아래 팝콘을 쪼고 있다

어디에나 존재하는 광신도가
주절주절 낮잠을 깨우고
섣부른 봄날이 설익은 연인의 연애를 코치 한다

무명가수 열창을 방해하던 아이들은 지쳤는지
그녀처럼 홀연히 사라지고
빈자리엔 앙상한 나뭇가지만 뒹군다

마로니에 나무 그늘 아래

누군가는 아프고
어디론가 떠나고
몇몇은 연애 중이다

단추

양복 윗 단추가 덜렁거린다
꿰매야지 꿰매야지 하면서
벌써 몇 달째다

분명 어느 때쯤인가엔
만원 지하철 속 어느 아낙네의
명품 짝퉁 가방에 걸려 달랑 떨어질 게 뻔하다

그러면 지하철 구멍 어딘가로
대부분의 아등바등한 삶처럼
내동댕이쳐질 테고
전혀 다른 단추를 아무 일 없었던 것처럼 매달고
그 끔찍한 지하철을 다시 타야 할 게다

그러기에 분명한 건 덜렁거리는 단추를
꼭 다시 여미는 게 상책이다

똑같은 삶이 없듯이

똑같은 단추는 그리 흔치 않으니까

무게

삶은 때때로 여기저기 아우성인데
적당한 무게를 이고
제각각 버티고 산다

하기야 땅 속에 처박힌
바위의 무게를 그 누가 어이 알랴

바위 위에 얹힌 또 다른
무게가 언제나 문제다

제각각 깊이 박혀 있는
삶의 무게야 누가 탓하랴

속 깊은 무게에
덕지덕지 누더기 같은
무게를 얹고 그다지
바람에 흔들리지 않는다고
대부분 착각하며 산다

〈
반 이상 아니 거의 다
덜어내야 할 무게다

구두3

친구 딸 결혼식에 가려고
신발장을 연다

작은 딸 결혼식 때 작은 딸이 사 준
구두를 신고
툭툭 뭐래도 된 것처럼 발을 몇 번 동동 거린다

신발장 문을 급하게 닫으려는데
얼핏 또 하나의 구두가 점잖게
아주 점잖게 여름낙엽처럼 앉아 있다

낯이 익은 것 같기도 하고
처음 보는 것 같기도 하고

약간 구두코가 해졌고
자세히 보니 메이커는 금강인데
분명 내 구두는 아니다

자석에 이끌리듯
작은 딸이 사 준
또 하나의 금강 구두를 벗고
그렇게 여름낙엽처럼
수많은 세월을 견뎠을

조금은 문수가 작은
너무나도 유행에 떨어진
구두를 신고
친구 딸 결혼식에 간다

집에 오는 길, 슬프게도
새까맣게 잊어버린
아버지의 아픈 발이
퉁퉁 불어 내게로 왔다

대각선

그 어려웠던 대각선의 공식이
여기 누군가를 축복해 주는
지극히 아름다운 자리에
슬그머니 공식처럼 내려앉는다

전혀 모르는 대각선의 그가
힘겹게 마스크를 벗고
흘깃 바라본다

아무리 무심코 바라보는 것 같지만
정확히 그의 표정이 읽힌다

그는 모든 공간을 훑어보는 시늉을 하더니
내가 휘저었던 젓가락질 지점을
심히 경계 한다

난 아무 죄 없이 그의 눈을 피한다

〈
언제 끝날지 모르는 두려운 경계
그 심오한 대각선의 질서

그 어려웠던 대각선의
공식이 되살아난다

또 막차

눈처럼 내린 아카시아꽃도
발에 밟히고
서서히 하루가 누구의 뜻도 아닌 채 저물고
뭐가 그리 바쁜지 또 막차를 탄다

누가 내몰진 않았을 테고
어쨌거나 내던져진 사람들은
어느 누구에게도 눈길을 주지 않는다

문제는 막차에 타고
막차에 내려서도
또 어디론가 가야 하는 것이다

그 지긋지긋하거나 굉장한 하루가
막차에 실리고
오늘 하루도 무사한
그대가 또 어디론가 간다

〈
막차의 사람들은 늘 그렇듯
꾸벅꾸벅 졸거나 딴청을 부린다

기어코 탈 수 있었던 것에 감사하면서

낮술

그렁저렁 하루가 반쯤 지나가고
우연히 튼 텔레비전에서
흘러간 유행가가 울려 퍼진다

삶이라는 게 특별히 진지할 필욘 없지만
이상하게도 눈물이 난다

인생이라는 게
흘러간 세월을 탓할 필요도 없고
닥칠 인생을 미리 걱정할 필요도 없을 때

그대와 낮술을 한다

미묘하게도 잘못된 지난 날을 용서하고 싶어진다

다 행복하고 싶어 하지만
거의 모두가 불행하다고 느낀다

〈
그대와 낮술을 마시고
마신만큼 오늘 행복하다

우회 迂廻

산을 오르다 보면 필시 언덕길을 만납니다
피할래야 피할 수도 없는 고난의 길이기도 합니다

난 때때로 그 고난의 길을
우회해봅니다
마주쳐 부딪치면 어떨 땐
커다란 상처를 입습니다

빙빙 돌아가면
맞부딪치지 않아도
목적지에 도달할 수도 있고
상처도 덜 입습니다

빈 방

때론 탐욕이 들끓고
방이 넘칠 거라고 생각했지만
이별은 생각보다 쉽게 찾아오고
자꾸만 비어가네

술 마신 어느 날
빈 방을 둘러보고
여지껏 누렸던 탐욕이
서서히 빈 방만큼 공허하네

휴, 그 빈 방을 채울 방법이
아무리 생각해도 이젠 없네

차라리 내가 날 비워야지
도리가 없네

목련

낮술 먹고 오는 길,
누군가가 서성이며
오줌을 갈기는 공간
바로 그 옆에 목련이 눈부시다

슬쩍 벤치에 떨어지는 목련 잎을 쓸고
아무렇지도 않게 그가 그를 바라본다

오줌을 갈기는 그나
그걸 바라보는 그나

목련은 눈부시면서 아프다
오히려 아프면서 눈부시다

빨래를 널며

세상엔 매일 뭔가를 하지 않으면 안 되는
몇 가지가 있다

오늘따라 강풍이 분다

이렇게 바람이 불어도
하루를 지어낸 빨래를 넌다

바람에 저 멀리 날아가
팬티고 양말이고
널브러지기가 다반사다

건조대 지지대를 단단히 매조짐한다
집게도 몇 개씩 더 집는다

내가 목숨 걸고 지켜낸
가족의 체취가
때때로 깃발처럼 나부낀다

〈
빨래를 널었으니 오늘 당연히 빨래를 갠다

당고개역에서

별 의미 없이 떠난 당고개역에 다다르자
모처럼 권력처럼 자리 잡은
지하철 맨 가장자리에서
스르르 엉덩이를 뗀다

삶이라는 게 매일 내가 돈 주고 다니는
지하철 자리마저 맘대로 앉을 수 없지만

오늘 4호선 맨 끝에 자리 잡은 당고개역은
권력처럼 부둥켜 자리 잡다
스스로 내려앉은 엉덩이처럼
가히 민주적이다

누구든 떠나기에 당고개역을 나선다
필히 사람들은 떠난 곳을
몸서리치며 잊거나 그리워 한다

나야 봄바람처럼 왔다 가지만

슬쩍 아쉽기도 하다 잠깐 누렸던
깃털보다 가벼웠던 권력이

독설 毒舌

어떻게든 살아가야 하는 삶이
정답을 꺼린다

오늘도 오래된 벽시계는
아무 때나 댕댕거리고

별 문제 없는 사람들이
서로의 문제로 아픈 듯하다

살다보면 대부분 현실을 외면하고
서로의 아픔을 그저 그렇게 비껴나간다

아무렴 누가 누구에게
독설 毒舌을 퍼부을 수 있을까

오지 말래도 오는 설날은 다가오고
큰 집이 적막하다

하루살이

하루살이가 극성이다
수없이 손을 휘저어도
맞아 죽을 확률은 거의 없다

내버려 둔다
하루만 산다고 하지 않나

하긴 오랜 시간을 유충으로 버텼으니
잠깐이라도 존재감을 드러내야겠지

사람이 만약 잠깐의 세월을 산다면
엄청난 것들이 달라졌을 것이다

우선 욕망은 어떻게 됐을까

기침소리

식구들이 걱정할 만큼
며칠 째 컥컥 기침을 토해 낸다

기관지를 다 써먹을 만큼
써먹어서 그럴 수도 있을 게다

이상하게도 기침소리가
깊을 때마다 돌아가신 아버지 생각이 난다

아버진 아버지의 아픈 기침을
누가 들을세라 조심스럽게 내뱉고
혹 쓸쓸한 환절기를 숙명처럼
보내셨으리라

오늘따라 기침이 예사롭지 않은 날
마지막 남은 달력을 찢고
그저 내 기침소리가
줄곧 잊어버렸던

아버지 기침소리 같아
쭈뼛 아이들 앞에 외롭다

그 자리

오랜만에 산에 오릅니다

내가 매일 쉬었던 그 자리가
아무 조건 없이 자리를 내어 줍니다
큰 기침도 해 보고 가래침도 뱉어 보고
나름대로 영역표시를 해 봅니다
아무도 없는데 말입니다

조금 있으니 까치가 흘깃 쳐다보더니
제자리로 갑니다
청설모도 잠깐 긴장 합니다

사람이 바뀔 뿐
그 자리는 내내 그곳을 지킵니다

가끔 바람의 방향도 바뀝니다

다시 찾은 산속 작은 섬

난장이 소나무가 아직도 납작 엎드려 있고
멀리 국기봉은 여전히 구름에 가리었는데
단지, 계절만 바뀌어 꽃은 피고 지누나

사람들은 여전히 저 잘났다 떠들지만
다시 찾은 산속 작은 섬
무심한 듯 솔잎이 켜켜이 쌓여
날 보고 거기 앉으라 하네
엉덩이 아프니 쉬어 가라 하네

삐딱선

삶이라는 게 늘 뻔하고
아무리 치열한 것 같지만
그저 그런 틀에 그저 그런 세상을 산다

오늘 이상하게도 바람이
정반대의 방향으로 스치고
그렇게 지켰던 고지식한 도덕과
그저 그런 삶에 삐딱선을 탄다

오늘도 주위의 지인들이
별로 무사하지 않은 하루

모든 것이 정상의 비정상적인 하루

주절주절 낮술마냥 허망한 하루

〈

너무도 지킬 것이 많아

금도의 삐딱선을 탄다

미타사에서

한껏 게으름에 취해
면도를 잊은 느슨한 하루

불심이 깊든 아니든
미타사가 거기 있기에
옥수역에서 내린다

팔순이 갓 넘은 비구니가 대웅전 앞
힘겹게 아무리 마당을 쓸어도
스님보다 몇 배나 오래된 은행나무는
끝없이 노오란 배설물을 떨구고

미타사를 포위한 고급 아파트가
그런 비구니 마음을 아는지 모르는지
오래된 은행나무보다 몇 배는 더 치솟고

도심 한복판에 함몰된 미타사는
은행잎보다 더 쏟아지는 사람 때문에

하루가 다르게 야위어간다

낙상落傷

절대로 간격을 유지할 것만 같던
벽시계의 초침이 덜컥 떨어진다
상처 입은 별이 우주에서 떨어지고
영원할 것 같은 그대의 사랑도
심장에서 떨어진다

어디 그뿐이랴
문학을 말하던 그가 담배를 물고
계곡, 돌계단에서 떨어지더니
피를 흘린다

만유인력을 굳이 들먹이지 않더라도
모든 것은 떨어진다
떨어지고 상처를 입는다

후시딘을 바르고 붕대를 감아도
이미 낙하해 생긴 상처는
쉽사리 치유되지 않는다

〈
수도 없는 낙상 환자들이
원치 않든 원하든
그저 그런 병원에서 치료 중이다

터무니없게도
세상은 요리조리 방관 중이다

마지막까지 매달리고
마지막에 떨어진다

에필로그

매일이 그저 그러니 시도 그저 그렇습니다
그저 그런 시가 그저 그래서
역주행을 해보지만
역시 그저 그렇습니다

역주행

오늘은 반대 방향으로 발걸음을 옮깁니다
그저 그렇고 그런 일상이 발목을 잡습니다

매일이 그저 그러니 시도 그저 그렇습니다
그저 그런 시가 그저 그래서
역주행을 해보지만
역시 그저 그렇습니다

바람의 방향만 바뀌었을 뿐,
냇물도 잉어도 비둘기도 사람도
그저 그런 자태로 그저 그런 하루를 보냅니다

어쩔 수 없이 내 시가 또 그저 그렇습니다

홀로 축제

축제가 끝나자 벚꽃이 시름시름 앓는다
벚꽃의 병증은 심각하다
꽃이 앓기에 나도 앓는다

비바람에 꽃비가 내리고
이제 봄을 포기할 즈음에
산속 깊은 곳
숨겨둔 벚꽃 향연이 시작된다

혼자만의 축제가 펼쳐진다
여느 축제와는 다르다
향락의 축제가 아니라
반성의 축제다

봄이 미치지 않는 곳에도
봄은 기다리고 축제는
여전히 현재진행형이다

대야미역에서

깜빡 졸고 경로를 벗어났다
어디서 본 듯하지만 어디서고 못 본 풍경이다
사실은 내리지 말았어야 할 역인지도 모른다
문제는 거기서부터 시작 된다

돌고 돌아 삶이 원위치 해야 할 입장이 생긴다
깜빡 졸았을 뿐인데 사태는 심각하다
모든 걸 설명해야 한다

대야미역은 생각보다 낯설다
돌아갈 수 없으면 나름대로 적응하는 것,

적응하는 시간이 생각보다 오래 걸리고
선택의 묘수는 짧다

잠깐 동안 묘수를 쥐어짰지만 마땅치 않다
그러면서 투덕투덕 세월이 간다

가산디지털단지역에서

태풍은 속속들이 우리를 헤집는다는데
난 친구와 사만팔천 원짜리
중짜 대구 볼테기찜을 먹으면서
세상을 논한다
무엇이 잘못이랴

하다못해 삼천 원짜리 비닐우산으론
절대로 태풍을 막을 수 없고
보라! 끝없이 줄 선 가산디지털역의
아름다운 사람들을…….

난 그 어마어마한 일을 겪지 않기에
오히려 행복하다고 수줍게 말하고
삶이라는 게 내가 겪지 않은 일들에
경외해야 한다는 걸

슬프게도 내가 볼테기찜 맛을
툴툴거릴 때도

가산디지털단지역 사람들의 행렬은
미치도록 줄지 않는다는 것을

그래도 때때로 삶이 고단하다는 것을
누군가는 알아주겠지

지금껏 바보처럼 믿는다

당산역 어느 술집에서9

당산역 어느 술집이 결국은 문을 닫았다
조명은 아득히 꺼졌고
견디다못한 환풍기는 제 명에 못 살고
시꺼멓게 타버렸다

항상 처음은 처음이라 두렵고
서서히 처음이 상식이 되어버리고
주인의 목마름은 늘 그렇듯 생경하고 처절하다

이십 수년을 버텨온 술집의 삶이
불행하게도 대부분의 손님을 닮았다

여기저기 상처는 곪아 터졌지만
그 흔한 연고도 없이 억지로 아물다가 다시 아팠다

그렇더라도 술집이 문을 닫았기에
난 딴 데로 간다

〈
언제나 그렇듯
새까맣게 타버린 환풍기처럼
새까맣게 잊고 살 것이다

밥도둑

밥 먹을 식구는 자꾸 줄어들고
아내의 손길은 점점 커진다

오늘도 아내는 습관적으로
한 뚝배기 청국장을 끓인다

아내의 사랑을 의심하는 바는 아니지만
미안하게도 그렇게 끓인
청국장은 반나절이 지나도
아무도 손댄 흔적이 없다

수십 년을 같이 살아온 옆지기야
청국장이면 어떻고 그냥 된장찌개면
어떠랴

울긋불긋 사람의 변심처럼
나뭇잎은 하루가 다르게 멍들어 가는데

아내의 어쩔 수 없는 청국장 앓이에
어쩔 수 없는 숨바꼭질 밥도둑이 된다

속도 速度

늘 사당으로 가는 길목은 느리고
가늠할 수 없는 기준에
오늘 지갑을 잃어버린다

처절한 배불뚝이가
잃어버린 것을 찾으러
폭염을 관통하지만
한번 지나버린 시간은 용서가 없다

내가 잃어버린 것이
잃어버린 마지막이 될지도 모른다는
관념에 웃옷을 벗어제낀다

달려야지 달려야지 하지만
잃어버린 것을 무던히 그러려니 했던
과거가 슬프다

처음은 마지막으로 달려가고

내가 세운 버스처럼
세상은 언제나 나보단 거대하지만

잃어버린 지갑은 사당의 속도를 머금고
고스란히 그때 그 자리에 머물러 있다

흔적 痕迹

눈에 넣어도 아프지 않을
손주들이 떠났다

곰탕을 먹으러 간 건 아니고
부모의 생계 때문에 저 멀리
나주로 떠났다

삶이라는 게 어차피
수없이 헤어지고 만나고 하지만
이렇듯 어린 손주들과의 이별은
너무나 생경하고 아프다

아이들은 이별을 모르고
이별했을 것이다

산다는 것은
허구한 날 이별을 맞이하고 마지막까지
이별의 고통을 감내해야 한다는 걸

알았을 땐 아이들의 눈에
할아버진 그 흔한 삶의 흔적으로
남아있을 것이다

손주들이 떠난 방에 아이들의 흔적이
고스란히 남아있다

요즈음 흔적을 남긴 아이들 방을
매일이고 쓸고 닦고
그리워하며 살아간다

구월의 노래

엄청난 시련의 계절이 계절을 덮습니다

살아보니 시련은 늘 발 앞에 있었고
무슨 수를 쓰든 버티려고
몸부림쳤습니다

그러면서 세월은 흐르고
어쩌면 시련의 강도는 점점
세지면 세졌지 절대로
약해지지 않는다는 것을 깨달았습니다

태풍의 힘이 더욱 강해지듯이 말입니다

시련은 감당하기 힘들고
세월은 흘러 어쩔 수 없이
누구랄 것도 없이 늙어갑니다

시련의 구월에 노래합니다

〈
시련에 대항할 힘을 구원하기 보단
시련에 순응할 지혜를 달라고 기도합니다

차라리 시련 속에 꽃피는 연꽃처럼
순응의 지혜를 노래합니다

이 지쳐가는 구월에

내 시를 토렴하다

어느 날 시가 등급이 생겼다
감히 시를 쓰기가 너무 힘들었다
별이 우는 소리가 들렸는지 아닌지가
분간이 어렵고 또한 용기가 나지 않았다

눈앞의 벽시계가 용서 없이 둔탁거렸다
용서가 없기에 두려웠다

어쩔 것인가

한동안 시가 멈추고
느닷없이 시가 그리워졌다

이제 어쩔 것인가

밤새 그 일상적인 잠이 달아났다
난 결국 내 시를 토렴했다

〈
여명은 그냥 오는 것이 아니다
밤새 별들이 울어야 그나마 새벽은 온다

택시

자정을 훨씬 넘기고
할 수 없이 택시를 탄다

딱히 할 말이 없으므로
기사와 난 둘 다 침묵 모드다

빌어먹을 그 할증요금은
어떤 공식으로 계산했는지
도무지 알 길이 없고
어떤 방식으로든 뚝뚝 가속도가 붙는다

인생은 어차피 무엇으로든
돌아가야 하기에
눈길은 자꾸 미터기를 향하고
그걸 눈치 챈 우직한 택시기사는
컥컥 기침을 토해낸다

빨리 귀가하라는 문자를 머금고

오늘 주머닛돈 전부가 택시에 털릴 예정이다

운길산역에서

안개비 내리는 운길산역에서
배낭을 잃어버린 친구가 잃어버린 것은
배낭뿐이 아니다

세월이 잠깐 흐르고
더 버릴 것도 없는 오래된 은행나무가
목숨 걸고 호객하는 주름 깊은 여인의
등 뒤에 버티고 서있다

잃어버린 배낭을 찾으러 우린
안개비 속을 헤맨다
물론 안개가 잔뜩 시야를 어지럽히기에
아무리 찾아도 보이지 않는다
어디로 간 걸까

살다보면 있어야 할 자리에
아무리 찾아도 없는 게 꼭 있다

〈
이젠 돌아가야 하는데
마땅히 있어야 할 자리가
텅 비었다
어디로 간 걸까

안개비 내리는 운길산역에서
배낭을 잃어버린 친구는
며칠 뒤 안개가 걷힌 운길산역을
다시 찾았으나 역시 보이지 않는다

잠깐 흘러버린 세월처럼

당산역 어느 술집에서

당산역 허름한 곱창집 한 귀퉁이엔
수북이 쌓인 먼지가 버거운지
찌든 환풍기가 도는 듯 마는 듯하고

오늘도 세상을 안주 삼아 매일 봐도 지루하지 않은
친구와 술을 마신다
손님은 그저 예전부터 있었던 제 집 고양이처럼
그저 그런 존재

역시 찌든 휴대용 가스레인지 위엔
편안한 이마주름처럼 생긴 곱창이 익어가고
밖엔 바람이 불든지 말든지
어느 연예인의 죽음이 아프든지 말든지
물 같은 소주병이 바닥에 나뒹굴고
술은 말을 삼키고
여태껏 살아온 삶이 송곳마냥 가슴을 찌른다

돌이켜보면 대개는 별로 중요치 않은 그저 그런 것

돌이켜보면 화해하지 못 할 아무런 이유가 없고

우리가 건배하는 술잔 위로 세상은 젖어들고
찌든 가스레인지 위 아무도 신경 쓰지 않는
몇 조각의 곱창이 타들어가고
우리 외엔 아무도 들어오지 않는 출입구엔
주인아줌마의 무거운 침묵이 흐른다

노각4

누군가의 죽음이 서글픈 하루
노각의 계절에 아내가 노각을 무친다

오늘따라 아내는
커다란 양재기에
노각을 무치고 홀연히 떠난다

아무도 노각 맛을
제대로 알 리 없는
육인용 식탁엔
누군가의 죽음에 대해
말할 수 있는 그 아무도 없고

일부러라도 더 왕성한 식욕으로
오드득 오드득 노각을 씹는다

 해설

담백한 내면의 소리

개동 이시찬
(시인, 평론가, 도서출판 문학의봄 대표)

　창작에 대한 열정이 남다르다는 점은 익히 알고 있으나 시인의 4집 원고를 받고 '벌써'냐고 물었다. 3집 출판이 엊그제 같아서 물은 건데 2년 전이라니 '세월 참 빠르다'로 대체해야 할 것 같다.
　필자는 시인을 등단 이전부터 만나 꾸준히 살펴왔는데 한마디로 정리하면 10년이 넘도록 초심을 잃지 않은 드문 경우에 속한다. 작품성은 열정이 있으면 누구나 향상될 수 있다. 하지만 초심을 유지한다는 것은 결코 쉬운 일이 아니다. 초심이란 신인상에 응모할 때처럼 작품을 다듬고 또 다듬으며 긴장하라는 의미가 있지만 필자는 문인으로서의 품격에 비중을 더 둔다.
　시인은 올해 등단 10년 차의 중견으로 창립 14주년을 맞이한 〈문학의봄작가회〉의 운영위원장으로 조직의 중심에 있다. 그러나 시인은 등단 연차나 직책에 기대어 권위

주의로 흐르지 않고 모두를 껴안는다. 시인의 작품이 독자들로부터 호응을 받는 것은 이러한 성품에서 출발하기 때문이다.

> 하루하루가 눈에 보이지 않는
> 바이러스 때문에 파김치가 된다
>
> 사람이 사람 속에서 살아야 사람인데
> 사람을 회피 한다
>
> …중략 -
>
> 아내가 파김치 된 몸으로 파김치를 건넨다
>
> 젠장 오늘따라 파김치 맛이 꿀맛이다
> 어쩌면 삶이 거의 무너져가도
> 뜬금없이 혓속에 맴도는 이런 맛 때문에
> 툭툭 아무 일 없었다는 듯이
> 살아가는 건지도 모르겠다
>
> *('파김치' 일부, 32-33쪽)*

코로나 19의 현실을 그대로 반영한 작품이다.

차이가 있을 뿐 누구나 파김치가 되지 않은 사람이 없다. 방역을 더욱 철저히 해야 한다는 주장과 생계를 보장하라는 주장이 대립하기도 한다. 여기에 신앙의 자유도 외친다. 문제는 언제 종식될지 모른다는 것이다. '뜬금없이 혓속에 맴도는 이런 맛'이 가끔은 필요할 때다.

겨울비가 내리기에
아무래도 시상이 우울하다

우울하기에 지하철 끄트머리
간신히 잡은 자리에서
우울한 시를 쓰려 한다

목적지인 인덕원역은
늘 가깝고도 멀고
언제나처럼 목이 마르기에
사당역 환승하기 전,
허리 굽은 할머니께 오천 원을 주고
캔커피를 주문한다

휴, 할머니 거스름돈이 팔천오백 원

난 다시 오천 원을 할머니께 건넨다

허리 굽은 할머니가
등 뒤로 고맙다는 인사를 한듯하다

쓸쓸한 겨울비는 내리고
그래도 때때로 기분이 좋을 때도 있다

('그래도 때때로 기분 좋은 날' 전문, 20-21쪽)

  이 시집의 제목이기도 한 이 작품은 소소한 선행에 우울함을 떨쳐버린 내용이다.
  흔히 '그럴 수도 있지'라고 할 수 있는 이야기지만 캔커피를 파는 그 할머니에게는 생계가 달린 문제였기 때문에 이를 바로잡아 주고 돌아서는 길이 더욱 보람을 느꼈을 것이다. 우울함을 떨치고 기분까지 좋게 한 것은 덤이다. 어떻게 보면 소소한 일일 수도 있지만 이를 시로 승화시켜 공감대를 형성하게 한 것이 돋보인다.

반성문은 죄 지은 자가 쓰는 것,

연희동의 밤은 그럭저럭 세월을 견디고
꼿꼿이 세운 노구는 범죄의 현장에서도 침묵했다
아니 이거 왜 이래,라고 소리쳤다

과연 그에게 반성문의 지면은 남아있는가

('반성문' 일부, *16-17쪽*)

조금이라도 역사의식이 있는 사람이라면 5.18 민중항쟁을 무력으로 짓밟은 전두환의 최근 행보를 곱게 보지 않는다. 그런데 시인은 당시 계엄군과 대치했던 당사자로 반성 없는 학살자 전두환의 행보가 그냥 곱게 보이는 정도가 아니라 남다른 분노가 잠재되어 있을 수밖에 없다. 반성도 없었는데 정치적인 흥정으로 사면된 결과를 보란 듯이 폭로하고 있다.

이는 최근 박근혜와 이명박에 대한 사면 논의가 정계뿐만 아니라 전국민적으로 관심의 대상이 되는 것에 대한 경고라고 할 수 있다.

> 인생에서 누구에게나
> 절정의 순간이 있습니다
>
> 흘려버린 절정의 순간이
> 아쉽지만 알게 모르게 지나쳐 버렸기에
> 버티고 사는 건지도 모릅니다

('절정' 일부, 13쪽)

시인이 이 작품을 통해 전하고자 하는 것은 어떤 상황이나 위치에서도 자기 관리가 필요하다는 것으로 해석할 수 있다. 절정은 누구나 기대하지만 절정에 이른 이후 자신을 어떻게 관리하느냐는 준비되어 있지 않다. 시인은 이에 대해 절정일수록 겸손하고 경계하라는 조언을 하고 있다.

> 산다는 건 어차피
> 쓸쓸함을 견디는 것
>
> … 중략 …
>
> 세상은 내 뜻대로 된 적 없고
> 시인이 아닌 그대들은
> 못다 이룬 잠을 마저 잘 테고
> 또르륵 또르륵 창밖엔 비가 내리고
> 이래저래 잠 못 이루는 무명시인은
> 쓸쓸함을 견디며 꼬박 밤을 샐 것 같네

산다는 건 어차피
쏠쏠함을 부둥켜안는 것
바보처럼

('쓸쓸함에 대하여' 일부, 68쪽)

　누구도 외롭고 쓸쓸하기를 선택하지는 않았지만 운명적으로 다가오는 이 과정을 인위적으로 거부할 수도 피할 수도 없다. 인류는 이를 극복하기 위해 다양한 방법들을 구사해왔지만 외로움과 쓸쓸함은 오히려 늘어나고 앞서간다. 곧 불치의 존재이다. 다행히 시인은 불치의 존재의 속성을 꿰뚫어 보고 대처하고 있다. 즉 부둥켜안고 견딤으로써 외로움과 쓸쓸함의 공간을 서서히 지우고 있는 것이다.

수많은 구멍에 낙탄落炭을 반드시 감행해야
몇 푼어치 목숨값을 지불 받는
이 잔인한 죽음의 외주화는
결국 마땅히 멈추어야 할
컨베이어 벨트를 멈추지 못 했다

비참하게도 죽음 뒤에
어느 누구도 벨트에 손을 대지 못 했다

청년의 가방엔 유통기한을 알 수 없는
몇 개의 컵라면과 석탄에 찌든 작업복과
이름이 지워진 숯검댕이 명찰과
죽어버린 꿈이 뒹굴고 있었다

사람은 유통기한이 지나버린
라면처럼 버려지는 게 아니다

난 마지막 남은 달력을 찢고
마지막 남은 유통기한이 훨씬 지난 라면을 끓인다

('유통기한' 전문, 76-77쪽)

 시인의 작품 소재의 거의는 서민 또는 낮은 곳의 삶에 닿아 있다. 겉으로만 봤을 때 시인은 물질적인 면에서는 서민으로 보기 어렵다. 그럼에도 가진 자가 아닌 서민의 편에 서서 세상을 바라본다. 이는 몸에 배어 있는 문체(필자는 문체를 개성에 한정하지 않고 세계관까지 포함한다)가 아닌가 싶다.
 이번 국회에서 거대 양당은 '중대재해기업처벌법'을 '중대재해법'으로 변경하고 약자가 아닌 기업의 눈치를 보며 누더기 법을 통과시켰다. 법이 통과된 직후인 1월 11일 법에서 제외한 5인 미만 사업장에서 50대 여성노동자가 분쇄기에 끼어 숨졌다. 시인이 법의 내용을 알았더라면 문체는 달라졌을 것으로 짐작되나 이 작품은 법이 제정되기 한참 전인 것으로 보인다.

눈에 넣어도 아프지 않을
손주들이 떠났다

곰탕을 먹으러 간 건 아니고
부모의 생계 때문에 저 멀리
나주로 떠났다

삶이라는 게 어차피
수없이 헤어지고 만나고 하지만
이렇듯 어린 손주들과의 이별은
너무나 생경하고 아프다

아이들은 이별을 모르고
이별했을 것이다

산다는 것은
허구한 날 이별을 맞이하고 마지막까지
이별의 고통을 감내해야 한다는 걸
알았을 땐 아이들의 눈에
할아버진 그 흔한 삶의 흔적으로
남아있을 것이다

손주들이 떠난 방에 아이들의 흔적이
고스란히 남아있다

요즈음 흔적을 남긴 아이들 방을
매일이고 쓸고 닦고
그리워하며 살아간다

('흔적' 전문, 146-147쪽)

이 작품은 흔히 말하는 '내리사랑'의 전형이다.
시인의 가족사랑은 지극하다. 작고하신 아버지를 비

롯해 어머니, 아내, 자식과 손주들까지 즐비하다. 당연한 것이겠으나 모든 사람이 그렇지 못한 경우도 있고 특히 시집에 가족 이야기가 많기로는 손에 꼽히지 않을까도 생각해 보게 한다. 손주를 둔 모든 이들의 공감할 수 있는 솔직한 작품이다.

> 빙빙 돌아가면
> 맞부딪치지 않아도
> 목적지에 도달할 수도 있고
> 상처도 덜 입습니다

('우회' 일부, 116쪽)

5부에 있는 '우회'^{迂廻}의 일부로 누구에게나 있을 법한 내심이다. 그러나 세상은 구조적으로 서로 부딪히게 되어 있고 따라서 상처를 입고 입히기도 한다. 자칫 현실을 외면하는 기회주의적인 내용으로 보일 수도 있지만 이 작품은 돌아가지 않고 마주할 수 있는 세상, 곧 평화에 대한 갈망을 역설적으로 표현한 것으로 보인다.

시인의 장점은 모두가 공감할 수 있는 삶의 이야기를 주제로 한다. 또한 10년 동안 문체가 흔들림이 없고 앞서 언급한 문인으로서의 갖추어야 할 품격의 소유자다. 필자가 꾸준히 신뢰를 보내는 이유이다.(끝)